Sneaky Press is the imprint of Sneaky Universe.

www.sneakyuniverse.com

First published in 2023

Sneaky Press

Melbourne, Australia.

El Libro de Datos Aleatorios del Espacio

Sneaky Press

Contenido

Primeros en el Espacio

El primer cohete llegó al espacio en 1942.

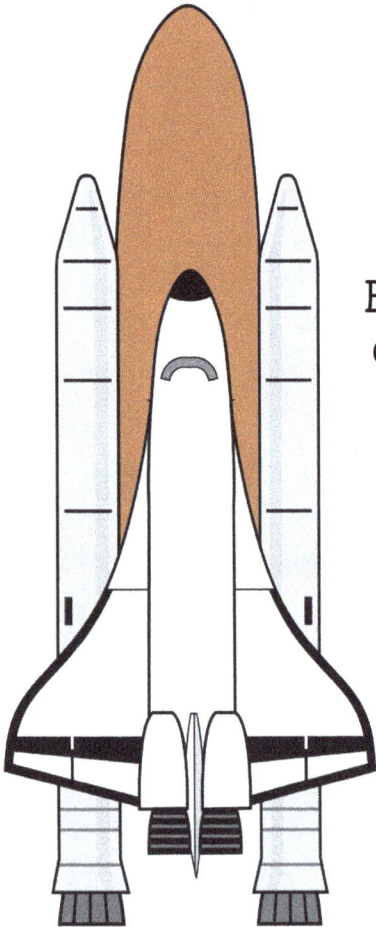

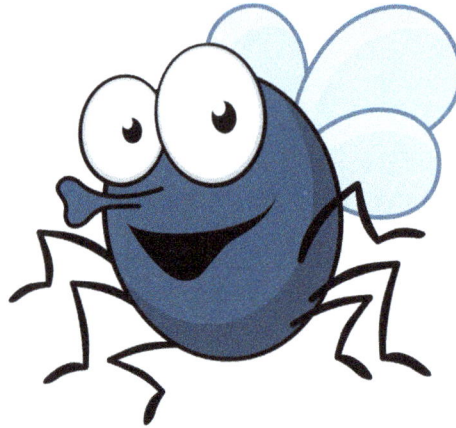

Las moscas de la fruta fueron enviadas al espacio en 1947.

El primer mamífero enviado al espacio fue un mono llamado Albert II en 1949.

El cosmonauta ruso Yuri Gagarin es el primer humano en el espacio el 12 de abril de 1961 a bordo del Vostok 1. Pasó 108 minutos allí y orbitó la Tierra una vez.

En 1957, un perro llamado Laika orbitó la Tierra.

Luna 1, una nave espacial rusa no tripulada, se estrelló en la luna en 1959.

El 20 de febrero de 1962, el astronauta estadounidense John Glenn orbitó la Tierra 3 veces a bordo del Friendship 7. Pasó cuatro horas y 55 minutos en el espacio.

La primera mujer en el espacio fue la cosmonauta rusa Valentina Vladimirovna Tereshkova el 16 de junio de 1963. Pasó 70 horas en el espacio y orbitó la tierra 48 veces.

Los astronautas del Apolo 8 Frank Borman, Jim Lovell y Bill Anders se convirtieron en los primeros humanos en orbitar la Luna el 24 de diciembre de 1968.

El 18 de marzo de 1965, el cosmonauta ruso Alexei Leonov fue el primer hombre en caminar en el espacio.

Los astronautas Neil Armstrong, Buzz Aldrin Jr. y Michael Collins fueron los primeros humanos en aterrizar en la Luna el 20 de julio de 1969. Armstrong y Aldrin son los primeros en caminar sobre la Luna.

Tamaño en el Espacio

Mercurio
Diámetro
4879 km

Plutón
Diámetro
2374 km

Nuestra luna
Diámetro
3474 km

Marte
Diámetro
6771 km

Venus
Diámetro
12 104 km

Neptuno
Diámetro
49 244 km

Tierra
Diámetro
12 742 km

Urano
Diámetro
50 724 km

Saturno
Diámetro
116 464 km

Júpiter
Diámetro
139 822 km

El Sol
Diámetro
1.391016 million km

El Sol representa el
99.86% de la masa en el
sistema solar.

Datos aleatorios sobre Mercurio

Mercurio lleva el nombre del dios romano de los comerciantes y viajeros.

Pesarías un 62% menos en Mercurio que en la Tierra.

Mercurio no tiene lunas ni anillos.

Un día en Mercurio equivale a 176 días terrestres.

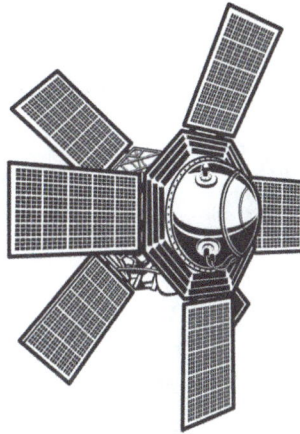

El Mariner 10 fue la primera nave espacial en visitar Mercurio en 1974.

Mercurio es el segundo planeta más caliente.

No se sabe quién descubrió Mercurio.

Un año en Mercurio dura 88 días terrestres.

Datos aleatorios sobre Venus

Venus lleva el nombre del diosa romano del amor.

Un año en Venus dura 225 días terrestres.

Un día en Venus equivale a 117 días terrestres.

La temperatura superficial en Venus puede alcanzar los 471 °C, lo que lo convierte en el planeta más caliente de nuestro sistema solar.

Venus no tiene lunas.

Venus es el segundo objeto más brillante en el cielo nocturno.

Venus gira en dirección opuesta a la mayoría de los otros planetas.

Datos aleatorios sobre Marte

Marte lleva el nombre del dios romano de la guerra.

Marte tiene dos lunas, Fobos y Deimos.

Solo 18 misiones de 40 a Marte han tenido éxito.

Hay indicios de agua líquida en Marte.

El atardecer en Marte es azul.

Marte tiene las tormentas de polvo más grandes de nuestro sistema solar. Pueden durar meses y cubrir todo el planeta.

Marte es el hogar de Olympus Mons, la montaña más alta del sistema solar.

Datos aleatorios sobre Júpiter

Júpiter lleva el nombre del rey romano de todos los dioses, también es el dios de la luz.

Ocho naves espaciales han visitado Júpiter.

Un día en Júpiter equivale a 9 horas y 55 minutos terrestres, el más corto de nuestro sistema solar.

La Gran Mancha Roja de Júpiter es una tormenta que ha estado ardiendo durante al menos 350 años. Es tan grande que tres Tierras podrían caber dentro de ella.

Júpiter emite más energía de la que recibe del Sol.

Júpiter orbita el Sol una vez cada 11.8 años terrestres.

Júpiter tiene nubes compuestas principalmente por cristales de amoníaco y azufre.

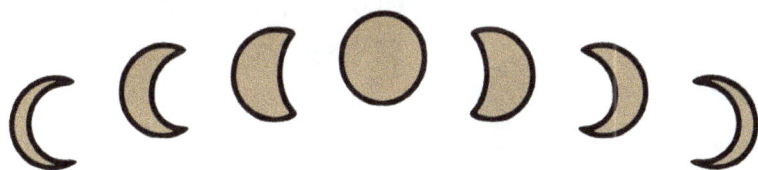

Júpiter tiene 79 lunas conocidas, incluida la luna más grande de nuestro sistema solar, Ganímedes.

Júpiter es el cuarto objeto más brillante de nuestro sistema solar.

Datos aleatorios sobre Saturno

Saturno lleva el nombre del dios romano de la agricultura.

Saturno se puede ver sin un telescopio en el cielo nocturno.

Saturno orbita el Sol una vez cada 29.4 años terrestres.

Cuatro naves espaciales han visitado Saturno.

Saturno tiene los anillos más extensos del sistema solar, compuestos principalmente por trozos de hielo y polvo. Los anillos se extienden más de 120,700 km desde el planeta.

Saturno es el planeta más plano.

Saturno está compuesto principalmente por hidrógeno.

Saturno tiene 150 lunas y lunetas más pequeñas.

Si condujeras un automóvil en uno de los anillos de Saturno, a una velocidad de 100 km/h, tardarías más de 14 semanas en completar una vuelta.

Datos aleatorios sobre Urano

Urano lleva el nombre del dios romano del cielo.

Urano tiene 27 lunas.

Un día en Urano equivale a 17 horas y 14 minutos en la Tierra.

Urano hace un viaje alrededor del Sol cada 84 años terrestres.

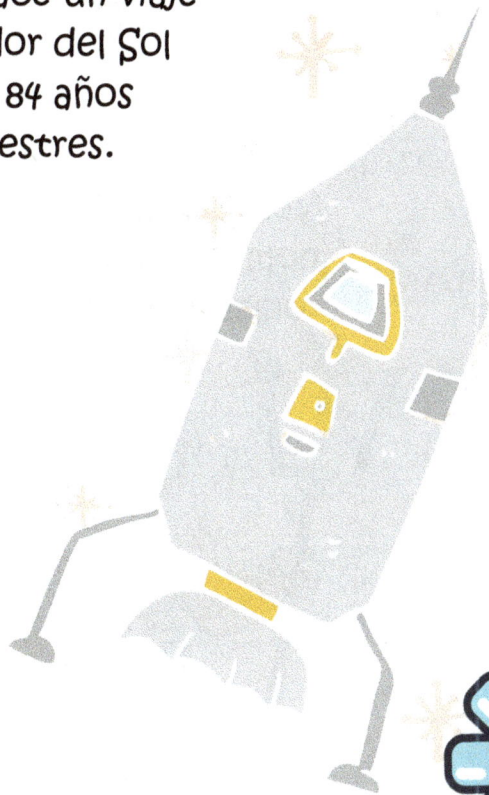

Solo una nave espacial, el Voyager 2, ha volado por Urano en 1986.

Urano tiene dos juegos de anillos muy delgados de color oscuro.

Urano es el planeta más frío con temperaturas atmosféricas mínimas registradas de -224 grados Celsius.

Datos aleatorios sobre Neptuno

Neptuno lleva el nombre del dios romano del mar.

Neptuno tiene 14 lunas.

La atmósfera de Neptuno está compuesta principalmente por hidrógeno y helio, con algo de metano.

Neptuno gira sobre su eje muy rápidamente.

Solo una nave espacial, el Voyager 2, ha volado por Neptuno en 1989.

Neptuno tiene una colección muy delgada de anillos.

Neptuno tiene vientos de alta velocidad que azotan el planeta a 600 metros por segundo.

Datos aleatorios sobre Plutón

Plutón lleva el nombre del dios romano del inframundo.

Plutón fue clasificado como un planeta a un planeta enano en 2006.

Plutón es más pequeño que la luna de la Tierra.

Plutón tiene cinco lunas conocidas.

Plutón tiene una órbita elíptica y a veces está más cerca del sol que Neptuno.

Plutón no es el único planeta enano en nuestro sistema. Hay otros cuatro planetas enanos: Ceres, Haumea, Makemake y Eris.

Un tercio de Plutón es agua.

La única nave espacial que voló por Plutón fue New Horizons en 2015.

Datos aleatorios sobre la Luna

La luna es el único satélite natural que orbita la Tierra.

La luna no tiene atmósfera.

La Luna está en una órbita sincrónica alrededor de la Tierra. Esto significa que siempre vemos el mismo lado de la Luna.

La gravedad en la luna es un 83% menor que en la Tierra. Esto significa que si hubiera una piscina en la Luna, los nadadores podrían saltar fuera del agua como delfines, lanzándose más de un metro de altura.

Hay al menos un eclipse solar cada 18 meses. Un eclipse solar ocurre cuando la Luna pasa justo frente al Sol y proyecta su sombra sobre la Tierra.

La Luna no tiene un lado oscuro. El lado que nunca vemos está iluminado por el Sol tan a menudo como el lado que sí vemos.

Una Luna Azul no es realmente azul. Es el nombre para la segunda luna llena que ocurre en un mes, generalmente una vez cada 2-3 años.

Debido a la falta de atmósfera, las huellas en la Luna permanecerán allí durante 100 millones de años.

Hay al menos dos eclipses lunares cada año. Puede haber hasta cuatro. Un eclipse lunar ocurre cuando la Luna pasa a la sombra de la Tierra, bloqueando la luz solar que normalmente cae sobre la Luna. Durante un eclipse lunar, todavía vemos la Luna, pero tiene un tinte rojizo débil.

La Luna está a 384,402 km de distancia de la Tierra.

Datos aleatorios sobre Galaxias

La Vía Láctea contiene entre 100 y 400 mil millones de estrellas.

Nuestra galaxia, la Vía Láctea, tiene aproximadamente 13.6 mil millones de años.

La galaxia de Andrómeda es nuestra vecina, la galaxia más cercana a la nuestra.

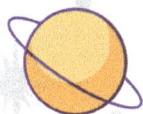

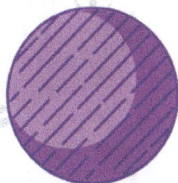

Hay 4 tipos principales de galaxias: Elíptica, Espiral Normal, Espiral Barrada e Irregular. Nuestra galaxia, la Vía Láctea, es una galaxia Espiral Barrada.

¡Se cree que hay más de 500 mil millones de galaxias en el universo!

Datos aleatorios sobre Asteroides y Cometas

Los asteroides vienen en una variedad de tamaños. Pueden ser tan pequeños como unos pocos metros hasta cientos de kilómetros de ancho.

Se cree que hay más de un millón de asteroides en el espacio en este momento.

Los asteroides están separados por al menos varios kilómetros, por lo que evitarlos al volar por el espacio no es difícil.

Los cometas son como bolas de nieve en el espacio. Están hechos de agua congelada y gas, roca y polvo.

El cinturón de Kuiper es una región en forma de disco de cometas, asteroides y planetas enanos. Se cree que hay miles de cuerpos más grandes que 100 km y billones de cometas en él.

El cometa Halley es el cometa registrado más temprano, con la primera observación registrada en la antigua China en 240 a. C. E. Orbita el Sol cada 75 años.

La cola de un cometa, que puede tener millones de kilómetros de largo, aparece cuando se acerca lo suficiente al Sol y comienza a derretirse.

El núcleo de un cometa generalmente es más pequeño que 10 km, pero a medida que se acercan al sol, los gases congelados se evaporan y luego el núcleo puede expandirse a más de 80,000 km.

Datos aleatorios sobre la Estación Espacial

Por lo general, hay siete personas viviendo y trabajando en la Estación Espacial Internacional.

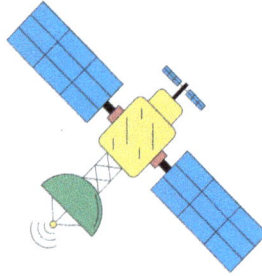

La Estación Espacial Internacional es operada por cinco agencias espaciales y 15 países.

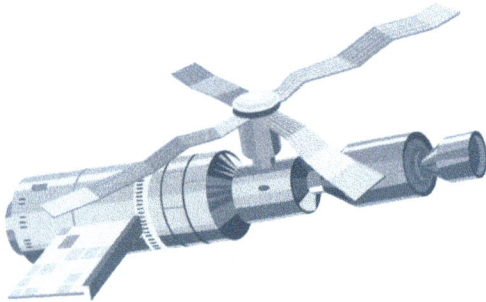

La Estación Espacial Internacional ha estado operando continuamente desde noviembre de 2000.

Ocho naves espaciales pueden conectarse a la estación espacial si es necesario.

En 24 horas, la estación espacial orbita la Tierra 16 veces.

La estación espacial mide 109 metros de largo.

Solo toma cuatro horas llegar a la estación espacial desde la Tierra para algunas naves espaciales.

Hay aproximadamente 350,000 sensores monitoreando a la tripulación en la estación espacial para asegurarse de que están saludables y seguros.

La estación espacial viaja la distancia equivalente a la Luna y regresa cada día.

Hay cuatro naves de carga diferentes que entregan suministros a la estación espacial: Cygnus de Northrop Grumman, Dragon de SpaceX, HTV de JAXA y Progress de Rusia.

Todos los astronautas en la estación espacial deben hacer ejercicio durante al menos dos horas cada día para detener la pérdida muscular y ósea.

Datos aleatorios sobre el espacio

Cada lanzamiento del transbordador espacial cuesta $450 millones.

Para liberarse de la gravedad terrestre, una nave espacial debe viajar a una velocidad aproximada de 24,000 kilómetros por hora.

Debido a la falta de gravedad, si lloras en el espacio, tus lágrimas no caerán hacia abajo.

Los bolígrafos normales no funcionan en el espacio debido a la falta de gravedad.

El Sol viaja alrededor de la galaxia una vez cada 200 millones de años.

Un transbordador espacial necesita 1.9 millones de litros de combustible para lanzarse al espacio. ¡Eso es suficiente combustible para llenar 42,000 automóviles!

Debido a la falta de atmósfera, el espacio es completamente silencioso. Las ondas sonoras no tienen forma de viajar por el aire. Los astronautas usan radios para comunicarse porque las ondas radiales no necesitan atmósfera para viajar.

Más Datos Aleatorios sobre el Espacio

El primer alimento comido en el espacio fue puré de manzana.

Debido a la falta de gravedad, las personas son 5 cm más altas en el espacio.

No puedes eructar en el espacio porque la falta de gravedad no permite que el aire en el estómago suba desde la comida que se ha comido.

El primer satélite artificial en el espacio fue Sputnik. Fue lanzado en octubre de 1957.

La primera bebida gaseosa consumida en el espacio fue Coca-Cola.

Las estrellas parecen parpadear porque la luz se interrumpe al pasar a través de la atmósfera terrestre.

Los orígenes de la palabra astronauta se traducen como "marinero estrella".

Otros títulos en la serie Datos Aleatorios

El Libro de Datos Aleatorios sobre Coches

Mark Malkoun
Pauline Malkoun

El Libro de Datos Aleatorios del Cerebro

Pauline Malkoun

El Libro de Datos Aleatorios Sobre Aviones

Pauline Malkoun

El Libro de Datos Aleatorios Sobre el Lenguaje

Pauline Malkoun

El Libro de Datos Aleatorios del Sueño

Pauline Malkoun

www.ingramcontent.com/pod-product-compliance
Lightning Source LLC
Chambersburg PA
CBHW080428030426
42335CB00020B/2633